BEI GRIN MACHT SICH IHR WISSEN BEZAHLT

- Wir veröffentlichen Ihre Hausarbeit, Bachelor- und Masterarbeit

- Ihr eigenes eBook und Buch - weltweit in allen wichtigen Shops

- Verdienen Sie an jedem Verkauf

Jetzt bei www.GRIN.com hochladen und kostenlos publizieren

Thorsten Prill

NETS Theological Research Papers

Band 3

Evangelische Diasporagemeinden und die Weltweite Kirche

NETS Theological Research Papers - Volume Three

GRIN Verlag

Bibliografische Information der Deutschen Nationalbibliothek:

Die Deutsche Bibliothek verzeichnet diese Publikation in der Deutschen Nationalbibliografie; detaillierte bibliografische Daten sind im Internet über http://dnb.d-nb.de/ abrufbar.

Dieses Werk sowie alle darin enthaltenen einzelnen Beiträge und Abbildungen sind urheberrechtlich geschützt. Jede Verwertung, die nicht ausdrücklich vom Urheberrechtsschutz zugelassen ist, bedarf der vorherigen Zustimmung des Verlages. Das gilt insbesondere für Vervielfältigungen, Bearbeitungen, Übersetzungen, Mikroverfilmungen, Auswertungen durch Datenbanken und für die Einspeicherung und Verarbeitung in elektronische Systeme. Alle Rechte, auch die des auszugsweisen Nachdrucks, der fotomechanischen Wiedergabe (einschließlich Mikrokopie) sowie der Auswertung durch Datenbanken oder ähnliche Einrichtungen, vorbehalten.

Impressum:

Copyright © 2014 GRIN Verlag GmbH
Druck und Bindung: Books on Demand GmbH, Norderstedt Germany
ISBN: 978-3-656-85682-5

Dieses Buch bei GRIN:

http://www.grin.com/de/e-book/285613/evangelische-diasporagemeinden-und-die-weltweite-kirche

GRIN - Your knowledge has value

Der GRIN Verlag publiziert seit 1998 wissenschaftliche Arbeiten von Studenten, Hochschullehrern und anderen Akademikern als eBook und gedrucktes Buch. Die Verlagswebsite www.grin.com ist die ideale Plattform zur Veröffentlichung von Hausarbeiten, Abschlussarbeiten, wissenschaftlichen Aufsätzen, Dissertationen und Fachbüchern.

Besuchen Sie uns im Internet:

http://www.grin.com/

http://www.facebook.com/grincom

http://www.twitter.com/grin_com

Evangelische Diasporagemeinden und die Weltweite Kirche

NETS Theological Research Papers
Volume Three

Dr Thorsten Prill

Senior Lecturer

Namibia Evangelical Theological Seminary
Windhoek

Über den Author / About the Author

Thorsten Prill ist Dozent für Missiologie, Praktische und Systematische Theologie am Namibia Evangelical Theological Seminary (NETS) und Pastor der Rhenish Church in Namibia. Bevor er 2008 nach Namibia kam war er als Pfarrassistent der deutschsprachigen ev.-luth. Gemeinden in Mittelengland, als Pastor der Nottingham Chinese Christian Church und als Lutheran & International Chaplain an der University of Nottingham tätig. Er hat Theologie in Nottingham, Sheffield und an der University of South Africa studiert.

Thorsten Prill is a Crosslinks mission partner lecturing in systematic theology, practical theology and missiology at Namibia Evangelical Theological Seminary (NETS). He is a minister of the Rhenish Church in Namibia. Before coming to Namibia he was a pastor of two ethnic-minority churches in the East Midlands and Lutheran & International Chaplain at the University of Nottingham. He studied theology in Nottingham and Sheffield and holds a Doctor of Theology degree from the University of South Africa.

Namibia Evangelical Theological Seminary (NETS)
PO Box 158
Windhoek
NAMIBIA

Email: tprill@nets.edu.na
Website: www.nets.edu.na
Facebook: www.facebook.com/nets.edu

Einleitung

Der in den letzten Jahren zu verzeichnende Anstieg an globalen Migrationsströmen hat erhebliche Auswirkungen auf die weltweite Kirche. Gemeinden afrikanischer, lateinamerikanischer und asiatischer Christen findet man heutzutage in fast jeder größeren europäischen Stadt. Viele dieser neuen Migrationskirchen sind charismatischer oder pfingstlerischer Prägung.[1] Im Gegenzug gibt es aber auch mehr traditionelle deutsch-, englisch-, niederländisch- oder schwedischsprachige Auslandsgemeinden in vielen Teilen der Welt. Im Jahr 2008 wurde zum Beispiel eine deutschsprachige evangelische Gemeinde in den Vereinigten Arabischen Emiraten gegründet. Die Entstehung dieser Gemeinde wurde vom Institut zur Erforschung von Evangelisation und Gemeindeentwicklung (IEEG) der Universität Greifswald begleitet.[2] Die Gemeinde trifft sich in einer anglikanischen Kirche, die auch Gastgeber für tamilische, koreanisch- und afrikaanssprachige Christen ist.

Neben diesen klassischen Migrationsgemeinden gibt es sogenannte Minderheitengemeinden. Ihre Mitglieder sind überwiegend Angehörige nationaler ethnischer Minderheiten. Dazu zählen zum Beispiel die Gemeinden der Evangelisch-Lutherischen Kirche in Norddeutschland im südlichen Dänemark, die Kirchengemeinden der dänischen Staatskirche in Schleswig-Holstein, die protestantischen Gemeinden im deutschsprachigen Ostbelgien, die Gemeinden der Evangelisch-Lutherischen Kirche in Namibia (ELKIN-DELK) und die des Chrischona-Gemeinschaftswerkes (CGW) im südlichen Afrika.

---

[1] Vgl. Heinemann, 208ff.
[2] Arbeitsgemeinschaft Missionarische Dienste, 5.

Was bewegt Christen solche Migrations- und Minderheitengemeinden (Diasporagemeinden) zu gründen oder ihnen beizutreten? Was sind die Herausforderungen für solche Gemeinden? Welche Chancen haben sie? Wie sind solche Gemeindeformen aus biblisch-historischer Sicht zu beurteilen? Um diese Fragen soll es in diesem Artikel gehen.

Gründe für die Mitgliedschaft in Diasporagemeinden

Die Gründe warum Christen sich zu Diasporagemeinden halten sind sehr vielschichtig. Sie können in fünf Kategorien eingeteilt werden: sprachliche, kulturelle, gesellschaftliche, theologische und missiologische Gründe.

Sprachliche Gründe

Diasporagemeinden bilden oftmals das einzige Forum für Migranten oder nationale Minderheiten Gottesdienste in ihrer Muttersprache zu feiern und an anderen kirchlichen Veranstaltungen teilzunehmen ohne sich einer Fremdsprache bedienen zu müssen. Dies ist insbesondere wichtig, wenn sie die dominierende Sprache ihrer Umwelt nicht oder nur ungenügend sprechen. Da viele Migranten sich nur vorübergehend im Gastland aufhalten, gibt es oft keinen zwingenden Grund oder auch keine Möglichkeit die nationale Sprache so zu erlernen, dass man sich sicher in ihr fühlt. Aber auch Angehörige einer nationalen Minderheit, die die Nationalsprache gut oder sogar fließend beherrschen, verweisen immer wieder auf die Bedeutung der eigenen Muttersprache für ihren Glauben. Die Muttersprache, so das Argument, ist die Sprache des Herzens in der es einfacher fällt geistliche Lieder zu singen, zu beten, in der Bibel zu lesen und sich auszutauschen. Walter Sparn spricht von dem Recht, das Christen haben, die Bibel in ihrer jeweiligen Muttersprache zu lesen:

> Gott spricht. Und er spricht nicht hebräisch, griechisch oder gar lateinisch, sondern spricht unsere Muttersprache. Im Blick auf diese Heilige Schrift ist völlig klar, dass jeder einzelne Christ das Recht auf

eine muttersprachliche Fassung hat; ihm diese seine Bibel wegzunehmen oder gar zu verbieten (auch das ist schon vorgekommen), ist ein Raub eines Stücks seiner Heimat.[3]

Kulturelle Gründe

Diasporagemeinden sind aber nicht nur Orte an denen Christen in ihrer Muttersprache Gottesdienste feiern können. Sie fungieren oftmals auch als eine Art kulturelle Oase für Menschen mit einem gleichen oder ähnlichen ethno-kulturellen Hintergrund oder Lebensweg. Für sie ist die Kirchengemeinde der Ort, der sie an ihr Heimat- oder Herkunftsland und ihre eigene Kultur und Geschichte erinnert. In einer Brochüre der Evangelischen Kirche in Deutschland (EKD) mit dem Titel *Ein Stück zuhause finden* heisst es dazu:

> Auslandsleben bedeutet Veränderung. Eine fremde Kultur, ein neuer Lebensstil, unbekannte Menschen, die langsam zu Vertrauten oder Freunden werden. In der ersten Zeit nach der Ankunft sind Sie mit Orientieren und Organisieren beschäftigt. Es gibt Momente, in denen alles Fremde einenn förmlich überrollt. Ein Ansprechpartner fehlt meist – denn die Freunde zuhause sind weit weg und könnten die Sorgen vielleicht auch nicht verstehen. Schließlich bedeutet ein Auslandseinsatz doch Abenteuer und Abwechslung. Schön, wenn Sie in solchen Momenten wissen, dass es ein Stück Heimat auch in der Fremde gibt, wo sie Menschen in ähnlichen Lebenssituationen begegnen können. In den weltweit 140 deutschsprachigen evangelischen Gemeinden im Ausland treffen Sie auf andere deutsche Expatriates. Erfahrungsaustausch ist ein zentrales Anliegen der Gemeinden und ihrer Mitglieder...[4]

---

[3] Sparn, 31.
[4] Pressestelle der Evangelischen Kirche in Deutschland.

Oftmals trägt die Kirchengemeinde dazu bei die eigene Kultur nicht nur zu pflegen, sondern sie auch an die nächste Generation weiterzugeben. Dies geschieht z.B. durch den gemeindeeigenen Kindergarten, Sprachkurse oder das Feiern von traditionellen Festen (z.B. Sankt Martin, Karneval, Oktoberfest etc.). An solchen Veranstaltungen nehmen dann auch Menschen teil, die sonst keine Verbindung zur Kirche haben.

Gesellschaftliche Gründe

Es gibt jedoch manchmal auch Situationen in denen Christen gar keine andere Wahl haben als sich an eine Diasporagemeinde zu halten. Dies ist z.B. in Ländern der Fall in denen das Christentum kaum vertreten ist. In anderen Ländern mag es zwar viele Kirchen geben, diese werden jedoch aufgrund historischer Entwicklungen von verschiedenen nationalen Bevölkerungsgruppen dominiert, die wiederum Migranten und Angehörige nationaler Minderheiten nicht im Blick haben. In einigen Fällen erfüllen Migrations- und Minderheitengemeinden auch die Funktion von Zufluchtsstätten in denen Christen Schutz von unterschiedlichen Formen der Diskriminierung erfahren.

Theologische Gründe

Weniger verbreitet, aber dennoch wichtig sind theologische Gründe warum sich Christen zu Diasporagemeinden halten. In diesen Fällen sind es bestimmte theologische Überzeugungen und Traditionen, die sie anziehen. Dies ist insbesondere der Fall, wenn es sich bei der Diasporagemeinde um eine konfessionell geprägte Gemeinde handelt. Die vertraute Gottesdienstliturgie, das Angebot des Konfirmandenunterrichts für Jugendliche oder grundlegende Glaubensüberzeugungen geben schließlich den Ausschlag für die Gemeinde-Mitgliedschaft. So legt zum Beispiel die Deutsch Reformierte Kirche zu Kopenhagen sehr viel Wert auf ihre reformierte Prägung in einem traditionell lutherischen Umfeld. Der Pfarrer schreibt folgendes über die Kirche:

> Doch unsere Kirche ist weltweit eine der ältesten reformierten Kirchen, die als reformierte Kirche gebaut wurde und die immer noch als Kirche genutzt wird. Und als solche ist sie typisch! Der Kirchraum drückt aus, worum es im reformierten Gottesdienst geht: Im Zentrum stehen Kanzel und Abendmahltisch, die versammelte, hörende Gemeinde sitzt im Halbkreis um dieses Zentrum. Das Wort Gottes steht also nicht nur gedanklich, sondern auch deutlich sichtbar in der Mitte. Und wenn ein Kind getauft wird, dann steht die Taufschale auf dem Abendmahltisch.[5]

Missiologische Gründe

Nun gibt es aber auch missiologische Gründe warum Christen sich bewusst einer Diasporagengemeinde anschließen oder solche Gemeinden von ihnen gegründet werden. Im Zentrum steht hierbei die Überzeugung, dass man als Migrations- oder Minderheitengemeinde die eigenen 'Landsleute' besser mit dem Evangelium erreichen kann als dies andere Kirchen können. Da man die gleiche Sprache spricht und mit den kulturellen Eigenheiten bestens vertraut ist, so das Argument, hat man einen natürlichen Vorteil was Evangelisation, Diakonie und seelsorgerliche Begleitung angeht. Missionswissenschaftler sprechen in diesem Zusammenhang vom Homogenitätsprinzip. Cla Reto Famos kommentiert:

> Schon in der Missionsbewegung des 19. und der ersten Hälfte des 20. Jahrhunderts hat man immer wieder die Erfahrung gemacht, dass dort die Gemeinden am schnellsten Wachsen, wo schon Christen der gleichen Ethnie präsent sind ... Das daraus abgeleitete Homogenitäts-

---
[5] Bargheer, 3.

prinzip stellt ein wichtiges und zugleich sehr umstrittenes Element der Bedürfnis- und Zielgruppenorientierung dar. Es geht von der Beobachtung aus, dass die Menschen eher geneigt sind, sich dem christlichen Glauben zuzuwenden, wenn sie dabei keine Rassen-, Klassen- oder Sprachbarrieren überwinden müssen. Damit zusammen hängt die Beobachtung, dass Gemeinden mit einer homogenen Struktur ein grösseres Wachstum verzeichnen können.[6]

---

[6] Famos, 60.

Herausforderungen für Diasporagemeinden

Es gibt also gute Gründe warum Christen Teil einer Diasporagemeinde sind. Dies bedeutet aber nicht, dass solche christliche Gemeinden sich keinen Problemen und Herausforderungen gegenüber gestellt sehen. Was für die Gründe gilt, gilt auch für die Probleme und Herausforderungen: sie sind sehr vielschichtig.

Missiologische Herausforderungen

Es liegt in der Natur der Sache, dass Diasporagemeinden ihren missionarischen Auftrag in der Regel auf Angehörige ihrer eigenen Sprach- oder Kulturgemeinschaft beschränken. Für Menschen mit einem anderen ethnokulturellen Hintergrund fühlen sie sich nicht direkt zuständig. Der Missionsauftrag Gottes an seine Kirche 'alle Völker' zu Jüngern Jesu zu machen (Mat. 28,19), und zwar auf lokaler, regionaler und weltweiter Ebene (Apg. 1,8), kommt dabei zu kurz. Darüber hinaus ist die Gefahr einer solchen insularen und ethno-zentrischen Gemeindearbeit, dass man den missionarischen Blick nach draußen zunehmend verliert und sich die Gemeinde zu einem Ort entwickelt an dem das 'geistliche' Leben nicht mehr im Mittelpunkt steht.

Gesellschaftliche Herausforderungen

Oft sind ein bedeutender Anteil der Mitglieder von Migrationsgemeinden Menschen auf der Durchreise, die sich nur für eine begrenzte Zeit im Land aufhalten. Dies fordert Migrationsgemeinden in zweifacher Hinsicht heraus: Wie kann man solche Menschen in die Gemeinde integrieren ohne eine langfristige Bindung und gegebenenfalls Mitarbeit zu erwarten? In der Regel ruhen der größte Teil der Gemeindearbeit und deren Finanzierung auf den Schultern einer kleinen Gruppe von engagierten Gemeindemitgliedern. Diese zu ersetzen, wenn sie weiterziehen, stellt eine stetige Herausforderung dar. Genauso kann das permanente Kommen und Gehen von Mitgliedern eine demotivierende Wirkung auf diejenigen haben, die vor Ort fest verwurzelt sind.

Die vielleicht größte Herausforderung ist jedoch das sogenannte *Problem der zweiten Generation*. Wenn aus Migranten Immigranten werden stellt sich für viele Migrationsgemeinden die Frage, wie sie die nächste Generation, die zwischen den Kulturen steht oder bereits kulturell assimiliert ist, für sich und den christlichen Glauben gewinnen kann. Kulturelle Assimilierung kann nämlich sehr schnell die nächste Generation von der Migrationsgemeinde entfremden. Das gleiche gilt für Minderheitengemeinden, wenn die dominierende nationale Sprache und Kultur das Alltagsleben der Menschen immer mehr prägt und die eigene Sprache und Kultur nur noch im engsten Familien- oder Freundeskreis gepflegt wird.

Bedrohlich kann es für die Existenz von Migrations- und Minderheitengemeinden auch werden, wenn aus wirtschaftlichen oder politischen Gründen der Zustrom an Migranten sinkt oder die nationale Minderheit aufgrund von Überalterung und Emigration schrumpft. Ein gutes Beispiel hierfür ist die deutschsprachige Evangelische Kirche A.B. in Rumänien:

> Nach dem Fall des Eisernen Vorhangs wanderten im Jahr 1990 zwei Drittel der evangelischen Gemeindemitglieder nach Deutschland aus. In den darauffolgenden Jahren dauerte dieser Prozess an, so dass inzwischen weniger als 15 Prozent der vor 1990 in Siebenbürgen lebenden Evangelischen weiterhin Mitglieder der Evangelischen Kirche A.B. in Rumänien sind. Im Jahr 2013 sind das rund 12.700.[7]

---

[7] Evangelischen Kirche A.B. in Rumänien.

Geografische Herausforderungen

Nicht selten haben sowohl Migrations- als auch Minderheitengemeinden Gemeindebezirke, die was die geografische Ausdehnung angeht, weit über die Größe einer 'normalen' Ortsgemeinde hinausgehen. Dies hat bedeutende Auswirkungen auf die Gemeindearbeit. Hauptamtliche Mitarbeiter müssen große Entfernungen zurücklegen, um an Predigtorte zu gelangen oder Gemeindemitglieder zu besuchen. Das aber kostet nicht nur Zeit sondern auch Geld. Hinzu kommt, dass es nicht immer leicht ist christliche Gemeinschaft aufzubauen und zu leben, wenn Gemeindemitglieder weit voneinander entfernt wohnen und nur sporadisch Kontakt miteinander haben. In Namibia z.B. verteilen sich die rund 5200 Mitglieder in den 14 Gemeinden der deutschsprachigen Evangelisch-Lutherischen Kirche auf eine Fläche von 823.000 qkm. Ein Pfarrer der Kirchengemeinde Windhoek schreibt über seine Arbeit:

> Zu unseren Gemeinden gehören noch sechs Farmbereiche, wo ebenfalls Gottesdienste gefeiert werden. Als Pfarrer fahre ich schon mal 100 Kilometer bis zu einer Farm. Dort treffen sich samtagsnachmittags die Farmer der Umgebung zum Gottesdienst. Bei Kaffee und Kuchen plaudern wir zunächst über das Wetter, die aktuellen Fleischpreise und das eigene Wohlbefinden. Dann kommt man im Wohnzimmer, auf der Veranda oder unter Bäumen zusammen, um zu singen, beten und die Predigt zu hören. Auch Taufen und Beerdigungen feiern wir auf Farmen.[8]

Rekrutierung von Mitarbeitern als Herausforderung

Für einige Diasporagemeinden kann selbst die Rekrutierung von Pastoren und anderen hauptamtlichen Mitarbeitern ein Problem darstellen. Dies ist insbesondere der Fall, wenn sich die Gemeinde in einem Land oder Region

---
[8] `Schmid.

befindet, dass als wenig attraktiv angesehen wird. Markus Schoch schreibt über die Situation in Georgien:

> Die lutherische Kirche in Georgien steht heute vor großen Herausforderungen. Außer dem Bischof gibt es derzeit nur einen weiteren ordinierten Pfarrer und eine Theologin, die sich gerade auf die Abschlußprüfung am Theologischen Seminar der ELKRAS in Nowosaratowka vorbereitet. Die sechs Gemeinden, darunter eine in Suchumi in der abtrünnigen georgischen Provinz Abchasien, werden weitgehend von Predigern und Predigerinnen betreut, die keine theologische Ausbildung haben.[9]

Hinzu kommt, dass die Rekrutierung von Mitarbeitern aus dem Ausland meistens mit erheblichen Kosten verbunden ist. Für die Ausbildung eigener hauptamtlicher Mitarbeiter mangelt es oftmals an Ressourcen. Konfessionelle Migrations- und Minderheitengemeiden werden in der Regel mit pastoralen Mitarbeitern aus ihren 'Mutterkirchen' versorgt. Dies ist zwar bequem bedeutet aber oftmals auch eine Preisgabe von Autonomie. Oft wird eine Vorauswahl durch die 'Mutterkirche' getroffen. Hinzu kommt, dass diese Pastoren nur für einen begrenzten Zeitraum (drei bis sechs Jahre) entsendet werden, die Einarbeitung in einen neuen Dienst und die Eingewöhnung in einem fremden kulturellen Umfeld jedoch schon ein bis zwei Jahre dauern kann.

---

[9] Schoch, 6.

Diasporagemeinden aus biblisch-historischer Sicht

Während die Mitglieder von Diasporagemeinden in der Regel den gleichen sprachlichen und/oder kulturellen Hintergrund haben, ist das Bild, das der Evangelist Lukas in der Apostelgeschichte von den ersten christlichen Gemeinden und der Missionsarbeit des Apostel Paulus zeichnet ein ganz anderes. Nach Lukas waren die ersten christlichen Gemeinden multikulturelle Gemeinschaften. Dies trifft sowohl auf die Urgemeinde in Jerusalem als auch auf die Gemeinde in Antiochia und die paulinischen Gemeindegründungen zu.

Jerusalem, im ersten Jahrhundert nach Christi Geburt, war ohne Zweifel eine mehrsprachige und multi-kulturelle Stadt. Die Haupverkehrssprachen waren Aramäisch und Griechisch. Es wird geschätzt, dass zwischen zehn und zwanzig Prozent der Bevölkerung im Alltag Griechisch und der Rest Aramäisch und Hebräisch sprachen. Hinzu kam Latein, das von den Angehörigen der römischen Besatzungsmacht gesprochen wurde. Der griechische Einfluss in Jerusalem war groß. In der Stadt gab es griechische Schulen, Sportstätten und sogar eine Pferderennbahn. Der Großteil der jüdischen Bevölkerung Jerusalems waren Migranten aus anderen Gegenden des römischen Reiches.

Als die erste christliche Gemeinde zu Pfingsten Gestalt annahm bestand sie fast ausnahmslos aus Gläubigen jüdischer Abstammung. So schreibt Lukas im zweiten Kapitel: 'Es wohnten aber in Jerusalem Juden, die waren gottesfürchtige Männer aus allen Völkern unter dem Himmel' (2,5). Abgesehen von einigen 'Judengenossen' (2,11) erwähnt er keine Heiden, die vom Heiligen Geist erfüllt wurden und anfingen in anderen Sprachen zu predigen (2,4). Obwohl Lukas also keinen Zweifel daran lässt, dass es sich bei der Jerusalemer Urgemeinde um eine 'christlich-jüdische' Gemeinde handelte, stellt er sie nicht als eine homogene Gemeinschaft dar. Im sechsten Kapitel berichtet Lukas von einem Streit zwischen 'griechischen' und 'hebräischen' Juden. Die Griechen, so Lukas, beschweren sich darüber, dass ihre Witwen bei der Verteilung von Lebensmitteln übersehen worden waren. Man geht davon aus, dass die beiden Gruppen sich lediglich hinsichtlich ihrer Muttersprache unterschieden: die Griechen waren griechischsprachige Juden-Christen und die Hebräer sprachen Aramäisch als Erst sprache. Lukas deutet an, dass der Grund für die Nichtbeachtung der griechischen Witwen in erster Linie logistischer Natur war. So spricht er davon dass '[in] diesen Tagen die Zahl der Jünger zunahm' (2,1). Auch schreibt er, dass die Apostel 'die Menge der Jünger' zusammenriefen um das Verteilungsproblem zu lösen (6,2). All dies deutet darauf hin, dass die griechischen und hebräischen Christen zwar ihre eigenen Versammlungen hatten, das Problem der Lebensmittelverteilung an bedürftige Witwen aber als eine Angelegenheit der Gesamtgemeinde angesehen wurde. Mit anderen Worten: In Jerusalem gab es eine griechischsprachige christliche Gemeinschaft, die eine Minderheit in einer überwiegend hebräisch-sprachigen Gemeinde bildete. Beide Gruppen erkannten jedoch die Apostel als Leiter der Gesamtgemeinde an.

Dieser multikulturelle Charakter wird vom Autor der Apostelgeschichte auch hinsichtlich der Gemeinde in Antiochia und der paulinischen Gemeindegründungen betont. Nach Lukas wurde die Gemeinde in Antiochia von Glaubensflüchtlingen aus Jerusalem gegründet (11,19-21). Während sie anfangs das Evangelium nur den Juden in der Stadt predigten, dehnten sie später ihre Evangelisationsarbeit auch auf die griechisch-sprachige nichtjüdische Bevölkerung aus. Die Leitung dieser neuen Gemeinde war, laut

Lukas, so multikulturell wie die Gemeinde selbst (13,1). Zu ihr gehörten Barnabas, ein jüdischer Zypriot und Simeon genannt Niger. Simeons Beiname bedeutet schwarz oder dunkel und deutet auf eine afrikanische Herkunft hin. Ein weiterer Leiter was Luzius von Kyrene. Während Luzius ein weitverbreiteter römischer Name war, lag seine Heimatstadt Kyrene an der nordafrikanischen Küste. Schließlich nennt Lukas noch Saulus, einen Juden aus Tarsus, und Mannaen, der am Hof Herodes des Großen, Herrscher über Galiläa, aufgewachsen war. Nach der Auflistung dieser Gemeindeleiter berichtet Lukas von der Entsendung des Paulus und Barnabas als Missionare (13,2). Damit betont er zwei Dinge: (1) dass die multikulturelle Gemeinde in Antiochia die Partnergemeinde für die missionarischen Arbeit des Apostels war, und (2) dass sie selbst zur Modellgemeinde für die Arbeit der beiden Missionare in anderen Städten des römischen Reiches wurde.

Dass Letzteres tatsächlich der Fall war zeigt die Beschreibung, die Lukas von diesen Gemeinden gibt. So gehören laut Lukas zu den Gründungsmitgliedern der Gemeinde in Philippi nicht nur Lydia, eine Purpurhändlerin aus Thyatira, einer Stadt in Kleinasien, und ihre Familie und Hausangestellten (16,14-15), sondern auch ein Gefängnisaufseher und seine Familie (16,33). Die Position des Gefängnisaufsehers hatten in der Regel aktive oder pensionierte römische Soldaten inne. Eine ähnliche ethnische, kulturelle und soziale Vielfalt findet sich in den von Paulus gegründeten Gemeinden in Thessalonich, Beröa und Korinth. In Thessalonich gehörten zur Gemeinde, laut Lukas, ortsansässige Juden, gottesfürchtige Griechen und eine bedeutende Anzahl von mazedonischen Frauen (17,1-4). In Beröa bestand die neue christliche Gemeinde aus Juden und griechischen Frauen und Männern (17,12). Schließlich beschreibt Lukas ausführlich die kulturelle und soziale Vielfalt der Gründungsmitglieder der Gemeinde in Korinth. Zur ihr gehören: Aquilla und Priszilla, beides jüdische Flüchtlinge aus Italien (18,2); Titius Justus, ein Gottesfürchtiger (18,7); sowie Krispus, der Synagogenvorsteher, der mit seiner gesamten Familie zum Glauben an Christus kam (18,8). Lukas beendet die Auflistung mit vielen Korinthern, die zuhörten, gläubig wurden und sich taufen ließen (18,8).

Zusammenfassend kann man sagen, dass das neutestamentliche Standard-Gemeindemodell das der Evangelist Lukas in der Apostelgeschichte zeichnet, das einer multikulturellen Gemeinde ist.

Lösungsansätze

Wie gehen nun deutschsprachige, evangelische Diasporagemeinden mit den zahlreichen Herausforderungen um? Die Antwort darauf lautet: sehr unterschiedlich.

Es gibt deutschsprachige Migrations- und Minderheitengemeinden, die konsequent an der deutschen Sprache als alleinige Gottesdienst- und Gemeindesprache festhalten. Ein gutes Beispiel hierfür sind die Gemeinden der Evangelischen Synode Deutscher Sprache in Großbritannien. Bei der Synode handelt es sich um einen Zusammenschluss von 19 Gemeinden mit lutherischem, reformiertem oder uniertem Bekenntnisstand. Die Gemeinden sind in 6 Pfarrbezirke zusammengeschlossen, die von 6 entsandten Pfarrern der Evangelischen Kirche in Deutschland (EKD) betreut werden. Die Situation in vielen Gemeinden ist kritisch. Sie ist gekennzeichnet von rückläufigen Gemeindegliederzahlen, Überalterung, Mangel an ehrenamtlichen Mitarbeitern und finanziellen Problemen. Letztere können oft nur durch den Verkauf von Immobilien und den Zusammenschluss mit anderen Gemeinden der Synode gemindert werden. Eine wirkliche Zukunft für deutschsprachige evangelische Gemeindearbeit gibt es wohl nur an einigen wenigen Orten wie z.B. London.

Andere deutschsprachige Migrations- und Minderheitengemeinden sind einen anderen Weg gegangen: sie haben sich für die dominierende(n) Sprache(n) ihrer Umwelt geöffnet. Dabei kann man unterschiedliche Modelle antreffen.

Im ersten Modell bleibt Deutsch die Hauptgemeindesprache. Es werden jedoch zu besonderen Anlässen (Ostern, Weihnachten, Taufen, Konfirmation, Trauungen) mehrsprachige Gottesdienste gefeiert. Darüber hinaus werden auch in regelmäßigen Abständen fremd- oder mehrsprachige Veranstaltungen (Gastvorträge, Seminare) angeboten. Alternativ kann es bei diesem Modell auch einen monatlichen mehrsprachigen Gottesdienst oder einen reinen fremdsprachigen Gottesdienst geben. Eine Gemeinde, die diesem Modell folgt, ist z.B. die Evangelisch-lutherische Kirche in Irland. Neben Gemeindevorträgen in englischer Sprache bietet sie einmal im Monat einen englischsprachigen Gottesdienst in Dublin an. Ähnliche Regelungen findet man bei den beiden deutschsprachigen lutherischen Kirchen in Melbourne, Australien und der ev.-luth. Christuskirche in Rom.

Im zweiten Modell werden Gottesdienste und andere Gemeindeveranstaltungen entweder abwechselnd in Deutsch und einer anderen Sprache oder grundsätzlich zweisprachig angeboten. Ein solches Modell wird von der Christlich-Protestantischen Gemeinde in Mailand praktiziert. Beim Gottesdienst, Jugendtreff, Krabbelgruppe und Familienkreis wird sowohl Deutsch als auch Italienisch gesprochen.

Im dritten Modell gibt es neben der deutschsprachigen noch eine oder zwei weitere anderssprachige Gemeindegruppen unter einem Gemeindedach. Dieses Modell kann man auch als ein *Gemeinden in der Gemeinde* Modell bezeichnen. Dabei hat jede Sprachgruppe ihr eigenes vollständiges Gemeindeprogramm mit sonntäglichen Gottesdiensten, Bibelstunden, Jugendgruppen, Hauskreisen etc. Darüber hinaus finden aber auch regelmäßig gemeinsame Gottesdienste und Veranstaltungen aller Sprachgruppen statt. Diese dienen dem Austausch und der Stärkung des Zusammenhaltes in der Gesamtgemeinde. In der Gemeindeleitung sind alle Sprachgruppen vertreten. Eine Gemeinde mit einer solchen Organisationsform ist z.B. die St. Peters Gemeinde im südafrikanischen Pretoria mit ihren deutsch-, englisch- und afrikaanssprachigen Gemeindeteilen.

Schließlich gibt es noch ein viertes Modell, in der die deutsche Sprache nur noch eine untergeordnete Rolle im Gemeindeleben spielt. Die meisten

Gottesdienste und Veranstaltungen finden in der Nationalsprache statt. Deutschsprachige Gottesdienste werden nur in größeren Abständen oder zu besonderen Anlässen (Weihnachten, Osten) gefeiert. Ein Beispiel hierfür ist die ev.-luth. Gemeinde in Triest, Italien.

Für welches Modell sich eine Gemeinde letztendlich entscheidet hängt von einer Reihe von Faktoren ab. Dazu gehören u.a. die gegebene Bevölkerungsstruktur und -entwicklung im Einzugsbereich der Gemeinde, aber auch ihre theologische Ausrichtung und ihr missionarisches Selbstverständnis. Es steht außer Frage, dass alle diese Modelle ihre Stärken und Schwächen haben. Jedoch überwiegen beim dritten Modell mit mehreren Teil-Gemeinden unter einem Gemeindedach die Vorteile. So können gemischtsprachige Familien Mitglied der gleichen Kirchengemeinde sein und trotzdem haben einzelne Familienmitglieder die Möglichkeit in ihrer jeweiligen Muttersprache jeden Sonntag Gottesdienst zu feiern. Desweiteren ermöglicht dieses Modell, dass eine Migrations- oder Minderheitengemeinde missionarisch-diakonisch auch unter anderen Sprachgruppen in der Bevölkerung aktiv sein kann und somit Kirche über die eigene Sprachgruppe hinaus von ihnen 'mit gebaut' wird. Ein Vorteil sticht jedoch heraus: Das 'Zusammenleben' von Christen unterschiedlicher Herkunft ist für den eigenen Glauben bereichernd und gibt einen Vorgeschmack auf das was im letzten Buch der Bibel so eindringlich beschrieben ist:

> Danach sah ich, und siehe, eine große Schar, die niemand zählen konnte, aus allen Nationen und Stämmen und Völkern und Sprachen; die standen vor dem Thron und vor dem Lamm, angetan mit weißen Kleidern und mit Palmzweigen in ihren Händen, und riefen mit großer Stimme: Das Heil ist bei dem, der auf dem Thron sitzt, unserm Gott, und dem Lamm! (Offenb. 7:9-10).

Bibliografie

Arbeitsgemeinschaft Missionarische Dienste 2008. *Bericht der Arbeitsgemeinschaft Missionarische Dienste (AMD) zur EKD-Synode 2008.* www.a-m-d.de/fileadmin/amd_upload/Denkanstoesse/AMD-Bericht_EKD-Synode_2008.pdf

Bargheer, A 2014. Angedacht: Sprechende Steine. *Gemeindebrief der Deutsch Reformierten Kirche zu Kopenhagen.* Kopenhagen: Presbyterium der Deutsch Reformierten Kirche zu Kopenhagen.

Bindemann, W 2005. Abbau, Aufbau, Umbau, in *Fünfzig Jahre Weggemeinschaft.* Synodalrat (Hg.). London: Evangelische Synode Deutscher Sprache in Großbritannien.

Bindemann, W 2000. *Doch die Wurzeln liegen in Deutschland.* Leipzig: Evangelische Verlagsanstalt.

Bruce, FF 1990. *The Acts of the Apostles: The Greek Text with Introduction and Commentary.* Leicester: Apollos.

DeYoung, CP, Emerson, MO, Yancey, G & Kim, KC 2004. *United by Faith.* New York: Oxford University Press.

Escobar, S 2003. *A Time for Mission: The Challenge for Global Christianity.* Leicester: IVP.

Evangelische Kirche A.B. in Rumänien o.J.. Evangelisch seit 1550. www.evang.ro/geschichte/

Famos, CR 2005. *Kirche zwischen Auftrag und Bedürfnis: ein Beitrag zur ökonomischen Reflexionsperspektive in der praktischen Theologie.* Münster: Lit Verlag.

Ferdinando, K 2008. The ethnic enemy- no Greek nor Jew...Barbarian, Scythian: the gospel and ethnic difference. *Themelios* 33(2):48-63.

Gallagher, RL & Hertig, P (Hg.) 2004. *Mission in Acts: Ancient Narrative in Contemporary Context*. Maryknoll: Orbis.

Girgis, R 2011. "House of prayer for all people": A Biblical Foundation for Multicultural Ministry. *International Review of Mission* 100(1):62-73.

Gütter, R 2009. Delegationsreise des Rates der EKD nach Namibia, Südafrika und Äthiopien, in *Mitteilungen aus der Ökumene und Auslandsarbeit 2009*. Hannover: Evangelische Kirche in Deutschland. 9-13.

Hanciles, JJ 2003. Migration and Mission: Some Implications for the Twenty-first Century Church. *International Bulletin of Missionary Research* 27(4):146-153.

Heinemann, S 2012. *Interkulturalität: Eine aktuelle Herausforderung für Kirche und Diakonie*. Neukirchen-Vluyn: Neukirchener Theologie.

Hengel, M 1989. *The 'Hellenization' of Judea in the First Century after Christ*. London: SCM.

Jervell, J 1998. *Die Apostelgeschichte*. Göttingen: Vandenhoeck & Ruprecht.

Machel, A 2011. Migrationsgemeinden: eine neue Herausforderung! *Evangelikale Missiologie* 27(3):129-142.

Marshall, IH 1999. *The Acts of the Apostles*. Leicester: IVP.

Marshall, IH & Peterson, D (Hg.) 1998. *Witness to the Gospel: The Theology of Acts*. Grand Rapids: Eerdmans.

Ortiz, M 1996. *One New People: Models for Developing a Multiethnic Church*. Downers Grove: IVP.

Payne, JD 2012. *Strangers Next Door: Immigration, Migration and Mission*. Downers Grove: IVP.

Pressestelle der Evangelischen Kirche in Deutschland. *Ein Stück Zuhause finden – die deutschsprachigen evangelischen Gemeinden im Ausland*.

www.ekd.de/auslandsgemeinden/download/download_auslands
gemeinden.pdf

Prill, T 2013. *Migrants, Strangers and the Church in Southern Africa*. München: Grin Verlag.

Prill, T 2012. Migrations- und Minderheitengemeinden: Chancen und Herausforderungen. *Perspektiven: Aktuelle Beiträge zu Kirche, Gesellschaft und Zeitgeschehen* 3:39-45.

Prill, T 2009. Migration, Mission and the Multi-Ethnic Church. *Evangelical Review of Theology* 33(4):332-346.

Prill, T 2009. Expatriate Churches: Mission and Challenges. *Evangelical Missions Quarterly* 45(4):450-454.

Prill, T 2008. *Global Mission on our Doorstep: Forced Migration and the Future of the Church*. Münster: MV Wissenschaft.

Rhodes, SA 1998. *Where the Nations Meet: The Church in a Multicultural World*. Downers Grove: IVP.

Schindehütte, M 2010. Neue Aspekte in der Auslandsarbeit, in *Mitteilungen aus der Ökumene und Auslandsarbeit 2010*. Hannover: Evangelische Kirche in Deutschland.

Schmid, R 2010. Kirche und Freiheitsmuseum nebeneinander. www.ekd.de/international/auslandsgemeinden/briefe/72899.html

Schnabel, EJ 2004. *Early Christian Mission*, Volume 2. Leicester: Apollos.

Schoch, M 2007. Lutherische Kirche im Kaukasus. *Gustav-Adolf Blatt* 2/2007.

Sparn, W 2012. Gott spricht – aber wie? Die Bedeutung der Sprache für das christliche Gottesbild. *Perspektiven: Aktuelle Beiträge zu Kirche, Gesellschaft und Zeitgeschehen* 3:31-34.

Walls, AF 2002. *The Cross-cultural Process in Christian History*. Maryknoll: Orbis.

Walls, AF 2002. Mission and Migration: The Diaspora Factor in Christian History. *Journal of African Christian Thought* 5(2):3-11.

Wellnitz, B 2003. *Deutsche Evangelische Gemeinden im Ausland: ihre Entstehungsgeschichte und ihre Rechtsbeziehungen zur Evangelischen Kirche in Deutschland.* Tübingen: Mohr Siebeck.

Witherington III, B 2001. *New Testament History.* Grand Rapids: Baker Academics.

Würfel, M 2010. *Deutsche Auslandsgemeinden als Lernfeld für Gemeinden in Deutschland am Beispiel der Johannesgemeinde in Pretoria.* Freiburg: Evangelische Hochschule (Hochschulschrift)